APRENDIZ DE ENSUEÑOS

ExLibric

MANUEL RIESCO GONZÁLEZ

APRENDIZ DE ENSUEÑOS

EXLIBRIC

ANTEQUERA 2025

APRENDIZ DE ENSUEÑOS
© Manuel Riesco González
Diseño de portada: María Martín Ayala (https://www.mariamartinayala.com/)

Iª edición

© ExLibric, 2025.

Editado por: ExLibric
c/ Cueva de Viera, 2, Local 3
Centro Negocios CADI
29200 Antequera (Málaga)
Teléfono: 952 70 60 04
Fax: 952 84 55 03
Correo electrónico: exlibric@exlibric.com
Internet: www.exlibric.com

ISBN: 979-13-87707-68-2
Depósito Legal: MA 859-2025

Impresión: PODiPrint
Impreso en Andalucía – España

Nota de la editorial: ExLibric pertenece a Innovación y Cualificación S. L.

MANUEL RIESCO GONZÁLEZ

APRENDIZ DE ENSUEÑOS

«Llaneza, muchacho; no te encumbres,
que toda afectación es mala».

Don Quijote de la Mancha, II, cap. XVI

Índice

Presentación

Aprendiz de ensueños es un jardín que florece entre estaciones cambiantes, donde la palabra germina como semilla viva en tierra fértil. Sus versos son senderos de piedra húmeda que cruzan un huerto sembrado de emociones: algunos brotan como lirios al alba, otros crecen como zarzas que arañan el alma.

La voz poética de Manuel Riesco es la de un **jardinero curtido y soñador**, que riega con ternura y arrojo, con esperanza y rebeldía, los surcos de una existencia que no quiere pasar en silencio. En su canasto lleva amores de madrugada, relámpagos sociales, preguntas filosóficas y homenajes discretos. No hay afán de perfección ni de mostrar trofeos, sino de entrega, de ilusión por compartir frutas maduras, a veces con la piel herida, otras dulces hasta el delirio.

La estructura del libro es como un mosaico de estanques, donde cada sección representa una fuente distinta: el amor y el deseo, la denuncia y la ironía, la contemplación del tiempo y la muerte, la celebración de la vida cotidiana. Y aunque los registros son diversos, hay un hilo invisible que los une: **una mirada compasiva y lúcida**, que no teme a la contradicción ni al temblor.

Hay versos que brillan como luciérnagas en una noche cerrada —«Aprendiz», «Canción a un hombre bueno», «Barra libre para el cerebro»—, y otros que se arremolinan como hojas al viento, juguetones o melancólicos, con el aroma de Benedetti o Machado flotando por el aire. También aparecen quiebros inesperados, como un *curita torero* que predica entre faenas, o una *mariposa enamorada de la vela*, y ahí el poemario demuestra su libertad: no busca solo belleza, también busca verdad.

En síntesis, este no es un libro para vitrinas, sino un cuaderno **manchado de tierra, de vino y de lágrimas**. Es un manojo de palabras que se ofrecen como sombra al caminante. O como el aroma de un azahar escondido en el bolsillo de un abrigo viejo: uno que, al abrirlo, vuelve a perfumar el alma.

CARLOS TORRES
DIRECTOR EDITORIAL EXLIBRIC

I

LA FUENTE
DE LOS SUSPIROS

1. Luna hechicera

Una luna de corona verde
y camisón blanco
anoche se coló en mi alcoba.
Barrió trastos viejos,
ingratos recuerdos,
tristes soledades.
Anoche se coló en mi alma
un rayo de alegría y calma.
Hoy, luna llena,
diosa de mis pisadas,
sosiego en los desvelos,
música en mis palabras,
te regalo el aire que respiro.
Anoche soñé que soñaba.
Hoy, luna de mis amores,
soñar despierto quiero.

2. ANSIAS DE LUZ

Voy por tu cuerpo como por el mundo.

OCTAVIO PAZ

Surco tu cuerpo infinito.
Tus ojos luceros en la mar,
tu boca fuego de perdición,
tus pechos panales de dulce miel,
tu vientre bahía soleada,
tu nido, cálido y húmedo,
un horno de placer
donde siembro versos
al amanecer.

3. Compañera

Tesoro escondido
tras cortinas invisibles
de ensueños nocturnos.
Espera que el sol despierte
montes y ríos, valles y flores.
Luego, salgamos juntos
a *sendear* senderos,
a *sembrear* ilusiones.

4. La fuente de los suspiros

Si te escondes, te busco, niña.
Si te encuentro, me sonríes.
Eres la fuente donde brotan
suspiros hondos del alma mía.

5. *BELLIS PERENNIS*

A Patricia, andariega vivaz

Exhibe Margarita
de diosa un talle galán,
dos luceros que dan antojo
a quien los encuentra en la calle.
Noble de alcurnia, regala manojo
de sonrisas y bello humor,
destellos de un corazón sin abrojo.

6. AMOR ENCADENADO

Tu alegría y felicidad te hermosean,
me cautivan hasta robarme hora y día.
En vano sigo la huella del corazón fugado
para fundirse con el tuyo.
Desaparecieron las noches blancas
ante el fulgor de una sonrisa
que salpica y regocija soledades.
La lengua se volvió ingobernable,
canto, río, salto a paticoja y digo tonterías.
Supongo que entonces me vuelvo insoportable
para cariacontecidos, pero no me importa.
Ese instante de felicidad regalada
me basta para sentirme humano.

7. SI TU CARIÑO

Si tu cariño cobra
un solo cacho pan,
yo te regalo, serrana mía,
la panadería entera.

8. EVA EN EL EDÉN

A Eva, de pies alados

En el jardín anida Eva,
alma noble, abierta mano,
mirada de lago azul,
sonrisa de luna llena,
florece al rayar el orto
cada eterna primavera.

9. Invitación

Voy a cenar a tu casa.
Abre la puerta
al dar las doce.
Esta noche.

10. ALBOR

Es tu sonrisa
labios en flor,
vivo destello
de un corazón
noble, sin par.

11. Borrachera

No sé el día ni la hora.
Fluya el río, calle el yunque herrero,
brame el sonido del silencio.
Perdido en el recuerdo de tu imagen,
envuelto en nostálgicas sirenas,
desvalido y desnudo estoy
en tu dulce y lejana presencia.
Cuando te veo, descanso y olvido
conjugar el tiempo en sus tiempos.
Cuando te esfumas, me inunda la duda,
espina que ahoga la garganta.
Quiero amarte cerca y no llego,
con pausa hablarte y no puedo,
acariciarte y te esfumas.
Si el fiero Eolo te arrastrara,
te escoltaré oculto y quedo.
Al regresar estaré esperando,
puerta abierta, mesa servida,
pan caliente, vino fresco,
sábanas blancas, amarte amando.

12. Mariposa y vela

Amor, *AYER* recibías este mensaje:
  «Mariposa en llamas, que noche y día
  a la luz del candil revolotea.
  Agujero negro que engulle
  del cosmos la energía.
  Buscabas cariño,
  y el amor quemó tus alas.
  En vidas pasadas coincidimos;
  en la fragua ígnea de Vulcano,
  abrazados, nos fundiremos»[1].
HOY luce el sol, gitana mía,
y vuelvo a reclinar mi cabeza
bajo el árbol de tu sombra alargada.
Entre el sopor de la canícula
al oído me habla Morfeo:
  «¿Quién tuvo alas?
  ¿Quién radió fuego?
  ¿Quién rondó primero?
  ¿Fuiste patrón, prisionero,
  quinqué o vuelo?».
Al espabilar, una ninfa sostenía

---

[1] *El árbol que vestía de viernes* (2023)

en mi cabecera este letrero:
   «Tú eras mariposa y Yo la vela».
Al fin comprendí que fue Cupido
quien fundió dos almas de amor sedientas,
sin primacías, divisas, permisos ni quimeras.

13. SUSURRO

A Mario Benedetti

Te quiero,
porque eres mía,
mi amor, mi justicia,
porque en la calle
no somos dos,
sino uno de tantos.

14. ¡OH, SUBLIME Y CRUEL MISTERIO!

¿Quién puede conocer
los *bajos* de mujer?
    —Cosa será de gran placer
    si se dejan entrever.
¿Y los *altos*?
    —Los altos, Mariano,
    laberinto enredado
    entre idas y venidas,
    escondrijos y rincones.
¿Y los *medios*?
    —¡Ay, querido amigo!
    Ignacio era su nombre,
    cuando un día malhadado
    a los ruedos saltó,
    y en los mismos medios
    dos puñales zafios
    con saña le clavaron.
    Sangre roja brotó al punto,
    que lobos fieros se zamparon.
    Muerto es ya en el camposanto
    de corazones destrozados.

15. SEXO ESPERANZADO

El sexo es flor abierta
que siempre está en espera;
grácil, dulce gacela
que alegra y enamora,
deseo aletargado
que hechiza compartir
a la luz de una candela.

II

PROTESTO, LUEGO VIVO

16. BERTOLT BRECHT EN EL CONGRESO

¡Contra la injusticia y la impunidad!
Ni perdón ni olvido.

BERTOLT BRECHT

Espetó un diputado:
«Señorías,
no comparto su opinión,
pero la respeto».
«¡Y un carajo!
—saltó Bertolt desde la bancada—.
A las personas, respeto,
y a la naturaleza, por supuesto;
pero su remilgado y torticero parecer,
¡señoría!,
no merece acato ni respeto».

17. *CIBERPOPULISMO*

Ciberpopulismo,
cicuta de la mayéutica,
basurero del siglo XXI,
alimento de carroñeros desnortados.
El horno tecnológico cocina,
satura de *fuck news,*
fomenta la indiferencia.
¿Dónde vuela el conocimiento,
dónde anidan los sabios?
Erasmo, Moro, Platón,
Machado, Ortega, Cortina…,
¡resucitad el humanismo primigenio!,
el derecho a pensar con libertad,
arte de vivir en armonía
con el planeta y el universo.

18. Locura desatada

El firmamento estaba tan estrellado, tan luminoso,
que, al contemplarlo, uno no podía por menos
de exclamar: ¿Es posible que, bajo tan bello dosel,
vivan seres llenos de cólera y veleidad?

F. Dostoievski

Para imponer su dominio,
una multitud de exacerbados,
al mando de un loco feroz,
agreden a niños indefensos.
Me duele Ucrania.
Un día defendí
que, antesala de la sabiduría,
«el negocio es el conocimiento»[2].
¿Dónde estás, sabiduría?
¿Dónde el común sentido?
En el fondo de una charca
contaminada de aguas negras
abrevan fieras alimañas,
abrojos malintencionados

---

[2]   *El negocio es el conocimiento* (2013)

disfrazados de justas maneras.
¿Dónde estás, noble aldea?
¿Dónde cantan los ruiseñores?
Cansado de mis cábalas,
Atenea me invita a fabricar
una bomba de neutrones cuerdos.
Perdón ni olvido quiero,
pero dime cómo, diosa amada,
porque ya no sé…,
no puedo.

19. SIMONE WEILL

Si la atención es madre
de todas las virtudes,
¿por qué me enardece
tu altanera hermosura?
¿Por qué te desvaneces
cuando sueño despierto?
¿Por qué desapareces
cuando brilla tu corona
en noche oscura?

20. ¡LLANEZA, SANCHO!

¡Que no, mujer, que no!
Que odio las cadenas,
sean de oro o plata,
destierro cumplidos
y decires de bien.
Prefiero mi rosa,
se siente, se mira…
y se quiere.

21. DESVERGÜENZA

—Juan, ¡no tires el cigarrillo a la calle!
—¡Qué pesada, mujer!
—¡Pesado tú…, y maleducado!
—Bueno, bueno,
hay que dar trabajo al mono.

22. TRAFICANTES DE PALABRAS

Leña a los impostores,
hoguera a *etiquetadores*.
Prostituyen el verbo fiel,
negocian palabras hueras,
crean fingidos dilemas
para después vivir *d'ellos*.

23. SER RICO, SER POBRE

Ser pobre no es vergüenza,
sino oportunidad para la acción.
Ser rico no es ostentación,
sino momento de ingenio
para plantar palmeras
en el oasis del desierto.

24. AUTOPISTA HACIA EL INFIERNO

Tengo cáncer en el alma,
la tiniebla se hizo dueña.
Quiero mover los pies,
tumbarme entre la hierba,
pero no puedo.
Estoy atascado en la cuneta
de la angustia infinita,
triste pena, vivo muerto.
¿Alguna vez sonreí?
¿Acaso enamoré?
¿Tal vez dejé herederos?
Estúpido quien afirmó
«lo que no me mata
me hace más fuerte».
Ya no quiero más terapias,
electros ni budas gordos.
Dejadme solo, perdido,
en la autopista, gratis,
hacia el maldito infierno.

25. Viaje de la mentira

Al mentiroso profesional
le sobran cien años
para mentirse a sí mismo.
Está seguro hasta encontrar
uno más mentiroso que él.

26. VOCES DESAFINADAS

Hay trovadores nobles y solícitos
que, con voz atenta y fina,
hermosean el verso suelto.
En el escenario de las tertulias
alternan también rapsodas encumbrados
que trituran bellos poemas
con voz solemne, ronca,
metafísica, oscura, cavernícola,
fantasmal, trascendente, sepulcral,
matando al mensajero.
Poetas excelsos —también los hay—
que, cuando salen al balcón,
desfiguran los trazos y el alma
de la bella pluma que parió su mano.
Más les valdría dejar libre al jilguero,
que «lo escrito escrito está
para ojo de buen cubero».

III

APRENDIZ DE ENSUEÑOS

27. Canción a un hombre bueno

Caminante, son tus huellas el camino…
Antonio Machado

Campos de Castilla, tarde tendida,
dorando ya el trigo alaguero
caminaba el triste caballero
añorando la hora de partida.

Sombrero cordobés y faz curtida,
en besana de labrador rentero,
con su manso bastón de marinero
esculpió en tierra recién llovida:

«Soy capitán de un barco de papel.
Escribo porque vivo, morir quiero
galopando la pluma en mi corcel».

Sus pasos rectos seguí al instante,
pero una nostalgia de desconsuelo
borró las huellas del buen caminante.

28. LA CASA DEL SILENCIO

El silencio es maestro
del vagabundo errante
que trocó en peregrino.
Trino arrebolado
al despuntar el alba,
vereda en selva oscura
al caer la tarde.

29. LEGADO

Cuando recale mi nave,
en tiernos brotes nacidos
diez mil niños atrevidos
con lluvia abrirán suave.

    Alegraos al percibir
    el repique de campanas;
    un muerto no va a mentir;
    es el son de las mañanas.

Antes que el fiero sol
agoste el mosto fino,
apurad raudos el crisol
de mi cáliz campesino.

    En el poyo de la puerta
    cada noche estaré al fresco,
    el alma siempre abierta
    con donaire quijotesco.

Canto a la vida —que es morir—
y a la muerte —que es mi vida—,
y esta pasión de vivir y morir
me consume y me cautiva.

30. VOLANDO VOY

Desplegar mi ser y dejar que vuele,
soltar la palabra y dejar que corra,
librar mi corazón, que viva y ame.
Espontanear y… ¡dejar que llueva!

31. Nacimiento

Muchas auroras
que el sol despertaba al día
y dormía a la noche,
abría flores y cerraba
párpados cansados.
Muchas tardes
que el viento barría telarañas y casas viejas,
esculpiendo la historia indómita,
bien sudada, bien preñada.
Al albur,
Talita Kumi abrió ventanas
y un rocío de seres, luces y sombras
invadió su casa,
hasta entonces deshabitada.
Alforja al hombro,
emprendió la marcha
compartiendo pan y queso
con grillos y chicharras.
Manos rebosantes,
espumas de alegría,
se embriagaron al rayar el alba.

32. Aprendiz de ensueños

Quería ser el mejor,
pero un romero le dijo:
«Habrás de acostumbrarte
a dormir con tus dueños».
Dejó el morral de caza
y abrazó el mar rebelde.
Así fundió uno y dos
en la fragua de los sueños.

33. EL CURA TORERO

A Jacinto F., artista bragado

Rubio de buena planta y *echao p'alante*,
decía misa montado en bicicleta.
No le importaban los correveidiles,
eludía falsas composturas;
era el mejor en todo, lo sabía.
Se aburrió de tanto libro suelto,
de recibir monsergas piadosas
y, con pitillo en la mano
más cacho pan bajo el brazo,
migró a África al brotar la madrugada;
que «los pobres, *¡joé!* —dijo—,
también tienen sed y hambre».
Hizo alarde de sabia maestría
en tentaderos y alberguerías,
que lo recibían con alborozos,
papayas, guayaves y egathos.
Empero el día de su alternativa
un pérfido mandamás lo raptó
y aporreó frente al pelotón:
«¡O cantas, o te mando al infierno!».

Él, con voz trémula y desafinada,
al punto cantó un *gloriapatri* y un *kirieleisón*
con tanto garbo y señorío
que los guardias cayeron de espaldas
y luego, despavoridos, huyeron.
De vuelta a la tierra que le parió,
ejerció en la sierra de Madrid,
por quites conquistó una mozuela,
boticaria ella, lozana del pueblo,
y al alimón criaron un bravo efebo.
Que se necesitaba un albañil o un cerrajero,
que había que arreglar el tejado de la iglesia,
que había que bailar con las viejas del pueblo…,
pues ¡allí estaba él!, que pa eso nació torero.
Vestido de luces y brazo en cabestrillo,
las revistas *jet* talismán lo ungieron.
En la feria de San Nicasio
cortó dos orejas con vuelta al ruedo,
porque el tozudo presidente,
sordo a la atronadora petición del respetable,
huyó con el rabo del morlaco entre las patas.
Así fue y así será *per omnia saecula saeculorum*
el rubio más guapo, el mejor cura torero.

34. MAQROLL, QUIJOTE Y POETA

A Álvaro Mutis, maestro del buen vivir

Tras el caballo que antes fue rocín
del más grande desfacedor de entuertos,
Maqroll el Gaviero se desnudaba
pregonando con ritmo y fantasía
sus reales aventuras a bordo del Tramp Steamer.
Navegó por ríos y mares,
derribó fronteras, exploró países, selvas,
escuchó silencios, quejidos,
gritos, amores, amarres.
Atinó y erró, pero jamás se doblegó.
A los pechos de una moza de puerto
dormía los sueños en el barco
con diez tragos de ron y mil libros como almohada.
La aurora lo sorprendía cada mañana
cantando bellas canciones de amor.

35. Retrato inacabado

Recios y honrados labradores
de un pueblo castellano,
así nacieron y en silencio fueron.
A Él le sobraban las palabras:
una mirada torcida
de sus profundos ojos azules
bastaba para entendernos.
Mandó siempre porque era el dueño;
armador de fiestas con amigos,
parecía no estar, pero nunca se fue,
tenía buena planta,
no le gustaba competir,
siempre se creyó el mejor.
Ella era bajita,
hormiguita de puertas adentro,
discreta y poco dada puertas afuera,
mujer de la Edad Media
que nació a destiempo.
«A callar, a callar»,
fue el mantra que tanto daño le hizo;
siempre trajinando, enjuta de vivo genio,
se quitaba el pan para dárselo al hijo,
al criado, al vecino, al pobre desnudo;

esquiva, seca de noche,
amorosa y tierna en el granero.
Fueron luchadores
que nunca se rindieron.
Con los usos de antaño
a su modo se quisieron.
«Este muchachito llegará alto,
es el mejor de la escuela»,
les confesó un día el maestro.
Ellos lo veían médico, arquitecto, abogado…,
pero, con sentido común
y templando sus anhelos,
respetaron siempre su sendero.

36. NIÑO GRANDE

A Luis, que nunca dejó ser niño

Cuando la nube del silencio rondó tu cara,
envolviéndote en un halo
de soledad transparente,
vi como eras:
niño con deseos de grande.
Tú, despreocupado tú,
como flor que de mañana
madruga a saludar la primavera
con todo su frescor salvaje.

37. ¿QUÉ VAS A SER DE MAYOR?

De chico, los parientes
con guasa le preguntaban:
—¿Qué vas a ser de mayor?
—No sé —respondía.
Se veía camionero,
mecánico, albañil,
futbolista, inventor,
arquitecto, bombero…
Años más tarde,
cuando se agravó la voz,
el psicólogo dio fe:
—No tiene claro su yo;
de cierto no sabe quién es
ni lo que quiere ser.
«¡Puñetas! —pensó Froilán—,
a mi edad, y sin saber…».
Con este pesado laudo,
salió turbado a pasear.
En la siguiente sesión
confesó a su terapeuta:
—Lo sé, lo sé, ya lo sé:
soy buscador de vida,
tahonero de palabras.

El mentor no entendió nada,
pero Froilán dio media vuelta,
pegó un brinco y se fue silbando.

38. LA SOMBRA DEL ICEBERG

Dicen los que saben
que somos un iceberg,
que apenas mostramos un quinto;
que tasar la masa total
invoca buceo, meditación,
psicoanálisis, ancestros,
atisbos de amigos y contrarios,
huellas triunfales, vivos fracasos,
grafitis rojos de enamorados…
«¡Caray! —pensó el novicio—,
artes diestras de inmersión.
¿Demasiados quebraderos?
¿La sombra alargada del iceberg
no dará, acaso, claros indicios
de la luz escondida y añorada?».

IV

EL TIEMPO EN SUS TIEMPOS

39. ENTRE DIOSES ANDA EL JUEGO

¿Dónde vas, loco dios atolondrado?
¿No ves que el niño de la madre tierra
lucha y delirio audaz entierra,
y a los cielos ascendió encumbrado?

Si el tiempo derriba el firme estrado,
granero que alimenta cruel guerra,
¿quién arrullará la voz que yerra
en escenario cruel desventurado?

Murieron dioses, nacieron santos:
mártires, taumaturgos, vírgenes,
ciberitas colmados de encantos

ornan gozosos altares y acantos
para calmar anhelos y desdenes
de huérfanas plegarias y llantos.

40. SOLEDAD SONORA

Soledad,
eterna convidada de corazones inhóspitos,
viajera incansable, compañera del alma.
Pozo profundo, de aguas quietas y oscuras,
tus brazos oprimen y dibujan
la sombra del roble añoso,
voz que golpea vientre y senos
hasta que, engullida por el mar del silencio,
es acallada por rictus ondulantes bailando a coro,
y el eco sordo de sonidos pretéritos.

41. Diálogo en la caverna de Platón

Cuenco tibetano:
> Vive el momento presente.
> Regresa a tu isla interior.

Mono dolorido:
> ¿Y si el presente está jodido,
> me quedo con él? Lo niego.
> Saltaré incierto, inseguro,
> de rama en rama en la selva oscura.

Voz de Rinpoché:
> Elimina todo anhelo y serás feliz.
> Los pensamientos y sentimientos
> son vacuidades, sombras imaginarias
> que vienen y van.

Mono visionario:
> Si no sueño, estoy muerto.
> Mejor sufridor que tonto feliz.

Atiza el Buda:
> El pasado es una semilla
> quemada por el fuego.

Mono ancestral:
> Buscaré en mi mochila
> sonrisas, éxitos y soledades.

Maestro:
> No los busques,
> ya se fueron.

Sapiens:
> Si el tiempo solo es *flatus vocis,*
> un artificio o un tirano,
> ¿quién soy?, ¿qué me queda?

Delfos:
> Fúndete con el amor infinito del eón,
> y hallarás la respuesta.

42. Abrazo sanador

Cuando el dolor te inunde,
cuando la aflicción te mate
y no puedas levantarte,
regresa a la muelle tierra.
Acaso un abrazo abierto
reavive tus raíces
con la belleza sin par
del universo entero.

43. LIBERACIÓN

«De aquellos polvos
nacieron estos lodos».
    Fue posible.
«Lo inesperado cambia la vida».
    Es probable.
Anoche soñé contigo.
¿Necesidad, sazón, voluntad?
    ¡Qué más da!
    ¡Déjate llevar!

44. EL TIEMPO EN SUS TIEMPOS

¡Qué afán
por tornar al pitecántropo!
¡Qué delirio
añorar una ficción!
¡Qué manía
pegarle cola al sapiens!
¡Qué prisa
por matar ayer!
¡Qué desaire
prohibir un después!
¡Qué simpleza
hoy cegar la luz!
¿Para qué conjugar
el tiempo en sus tiempos,
si todo queda en nada
y la nada lo es todo?

45. No preguntes la edad

No me preguntes la edad.
Elegí ser más niño —y más viejo—
que las hojas de mi libro.
Tengo los días de todos,
un antes, un ahora,
un después incierto…
Al rescoldo del brasero,
hogaza candeal y vino tinto,
repaso las vidas de mi vida,
historia ya de mis hijos
y los hijos de mis nietos.
Hoy no soy yo,
     yo soy tú
     y él
     y ella,
     soy nosotros,
     vosotros…
     y ellos.
No preguntes la edad.
Mis años se reflejan
en las heridas del alma,
arrugas en la frente,
sonrisa de la cara
y en el viento de los sueños.

46. Barra libre para el cerebro

Subo al desván del ocio.
Hoy la cabeza runrunea
brincando a su loco antojo.
Con esfuerzo, sujeto el runrún
y enlazo *Classic FM.*
Del arcón de cachivaches
rescato el traje de buzo
y me sumerjo en el cerebro,
un ingenio del pensar.
Pesa un dos o tres por ciento
del cuerpo en su reposo.
Insaciable él, devora
el veinticinco por ciento
de toda mi energía.
Dicen los neurocientíficos
que vaga la mitad del día;
el resto, trabaja, medita o investiga.
¡Qué ingenio tan singular!
Intrigado, continúo la inmersión:
millones de neuronas
interpretan a su aire
una cantata de grillos.
El concertino, tieso,

emite un *LA* preciso,
los axones se conectan,
chirrían, afinan, roen;
se rebelan los oídos.
Entre bambalinas verdes,
y a ligeros pasitos,
aparece un fantasma
con pajarita y esmoquin.
La audiencia agradecida
aplaude con elegancia,
los instrumentos se frenan
y el misterio se acuna.
A una orden del intruso,
la orquesta reverencia
y se sienta al alimón.
La batuta negra rasga
con brío el silencio,
marcando un tres por cuatro.
Todas para una y una para todas
desgranan el vals número dos
de Dimitri Shostakóvich.
Acabada la inmersión,
paseo por las Ramblas
y anoto en el programa:
«Lógico y natural
que el cerebro vaya de copeo,

pero no puede tener barra libre».
Templaré el hipocampo,
activaré la experiencia
y respetaré el silencio.
Si me invita el sordo genial,
esta noche cenaré con su novena
en la terraza frente al mar.

47. Amor fecundo

Enjuta vejeta
de blancas canas
y piel de armiño.
Te sesgó la muerte
tras rondarte, oculta,
noche en duermevela.
Surcos de alfileres
rasgaron tu pecho,
hasta que *fatum*
te arrastró al averno.
Dejaste dolores,
penas y alegrías,
pero el sudor agrio
preñó nuevas vidas.
«Paz en la montaña,
niños en la calle
jugando al olvido»
—pintó un jilguero
en tu blanca esquela.

48. *TEMPUS MOVIT*

El recuerdo flaquea,
el sol no luce hoy.
Zeus, ¡préndelo ya!,
¡por tu madre Rea!
Destierra la fiera
niebla de la nada.
Ubi carpe diem est?

49. ¡HASTA NUNCA, FILOMENA!

Segó miles de vidas
y fecundó muchas más.
Raptó a mi madre,
desgarró el Aquiles,
abrió una hernia
y me encerró, malvado.
No hablaré muy alto,
acaso se le ocurra
seguir puñeteando
los días que le restan.
Las neuronas funcionan
un veintiséis de diciembre.
Vivo cuando muero
y muero porque vivo.
Amigos, hijos, hermanos:
    ¡PRESENTES!
Pájaros, flores, ríos y vientos:
    ¡ESTAMOS!
Dudo si la muerte
sea un hachazo a la vida,
un regreso a la nada,
o expansión de eternidad;
a veces se enrosca,

Variaciones de Goldberg,
luz en la ventana.
Otras, se disfraza
de pardo huracán,
oleaje rompedor,
número tres para piano
de Beethoven, por supuesto.
Un bolero me raptó a los diecisiete
y liberó a los treintaitrés.

V

POR ALEGRÍAS

50. ¡HÁGASE LA LUZ!

A Nora, orfebre de verde ensueño

Bella aurora prendida,
firme roble celta,
turquesa en la pupila de Noor,
niña tuareg en el desierto.
—Abuelo, ¿me cuentas un cuento?
—suplica, sin soltar el dedo índice.
El abuelo, ñoño y sonriendo,
la sienta en sus piernas
y le cuenta uno, dos… y hasta tres.
—Abuelo, ¿sabes qué?
—¿Qué, mi amor?
—Cuando sea mayor, voy a ser escritora.
La luna, que todo lo escucha, sonrió
y, bailando en el cielo azul,
dibujó estas palabras:
Nora, περίλαμπρος, ضوء.

51. Princesa coronada

A Silvia, amor eterno

Luz transparente en noche oscura,
ojos de halcón, piel delicada.
Caudal de alegría desbordante,
floresta apasionada en do mayor,
creadora de nuevos mundos
en el concierto de las palabras.
A raudales naciste llorando
lágrimas que cubrieron de orvallo
el jardín de flores dormidas,
semillas de amores campechanos.
Doquiera tu ingenio vaya,
regalas lluvias doradas,
fragancias de armonía
templadas en la fragua de Vulcano.

52. OooLééé

Ya alborean pasodobles,
claveles y panderetas.
¡A los toros!
Hoy, hoy, hoy…
Plaza de toros de Silvia.
Tatatí, tatatí, tatatííí…
Ooolééé…
A las cinco de la tarde
si Dios quiere y el tiempo lo permite,
toro de quinientos kilos
para el diestro Cayetano
y seis bragados novillos
para bravos novilleros.
¡A los toros, a los toros…!

53. DOBLES PESARES

Detesto los velatorios,
buenas palabras al caído
de amigos que no lo fueron.
Prefiero esculpir afectos
en la historia regalada.
Una vez muerto el muerto,
¿para qué lloros zalameros?

54. INMENSO Y DESNUDO AMOR

A Don Pedro Calderón

Nada más fiel que el cariño de los tuyos.
Nada más noble que la sonrisa de un niño.
Nada más profundo que un amor desprendido.
Nada más tierno que la lágrima del abuelo.

Nada más dulce que el sabor de la montaña.
Nada más verde que un segundo de respiro.
Nada más brioso que el vaivén de las piernas.
Nada más suave que tus abrazos y tus besos.

Nada más acorde que el trino de un jilguero.
Nada más radiante que el halo de la luna.
Nada más sabroso que el océano azul.
Nada más puro que el destello de un lucero.

Nada más sonoro que la noche y el día.
Nada más afable que la caricia del cierzo.
Nada más perenne que un hilo de energía.
Nada más inmenso que el hoy del universo.

—Mamá, mamá, ¿por qué soy tan pequeñito?
—Tu amor belleza expande. ¡Te quiero, principito!

55. CANCIÓN A MI TIERRA

Venturoso aquél a quien el cielo dio un pedazo
de pan, sin que le quede obligación
de agradecérselo a otro que al mismo cielo.

MIGUEL DE CERVANTES

Las ubres del cielo armuñés
amamantan tierra sedienta,
tierra callada y adusta,
tierra parda, tierra negra,
tierra blanca, tierra madre,
tierra noble y agradecida,
tierra que acoge en su seno
el divino don del cielo
para vestir la primavera
de verdes prados, verdes trigos,
amapolas verdes de rojas flores.
Armuña, surco de candeal dorado,
lenteja, primor de fina piel.
Armuña, tierra de luz callada,
barbecho de sueños imposibles
donde acamparon los dioses
allá por Nochebuena.

56. FINO ORVALLO

Tu alegría,
fresco manantial,
mueve montañas,
levanta nardos dormidos.
Si un día evaporara,
no te turbes:
volverá de mañana
en gotas de fino orvallo.

VI

BREVERÍAS

57. AMOR SIN PALABRAS

No preguntes por saber
si te siguen esperando.
El tiempo irá sembrando
las semillas del querer.

58. TIEMPO SABIO

Conjugar el verbo en sus tiempos,
don que la existencia gratis regala,
arte que los pocos sabios embragan
bailando solos y en silencio.

59. El azar y la pregunta

Aunque el caprichoso azar
es poderoso e imprevisto,
los albures más geniales
no anidan en cerebros
y corazones holgazanes.

60. Amor estéril

¡Qué lástima un alma nodriza!
¡Qué triste un corazón solitario!
¡Qué amarga la pasión desierta!

61. OCHO DE MARZO

¿Precisa la mujer
mostrarse para existir?
¿Bástale al hombre
con estarse quieto?
Animula, vagula, blandula...!

62. QUIERO CONTAR CONTIGO

Quiero contar contigo,
no una ni dos, sino…
¡quiero contar contigo!

63. SERIO HUMOR

Lo contrario del humor
no es la seriedad,
sino la pomposidad.
Invita a un café a Tip y Coll,
Astérix, Gila, Groucho,
Mingote, Ibáñez y Mihura.
Verás las firmes hojas
de los árboles bailar y reír,
morir de cristalinas lágrimas
y admirar la astucia de Milou.

64. LAS COSAS COMO SON

Ni en la cama
ni en la mesa
lograron entenderse.

65. En busca del sentido

Semillas de inmortales,
hijos de dioses, Nate.
¿Para qué tu pistola?
¿Por qué tú, Juan de Dios,
querido Juan del Diablo?

66. METAMORFOSIS

Como las lanzas forjarán arados
y las espadas podaderas (Is 2, 2-5),
las sombras difundirán luz
si te atreves a reconocerlas.

67. Urdimbres de la vida

Una cosa es pensar,
otra creer,
y otra, muy distinta,
sentir.
Todas se anidan al vivir.

Amigo lector, muchas gracias por compartir conmigo estas palabras. A partir de ahora, ya no me pertenecen.

Estos poemas son fuente, flores y frutos de un vergel que han nacido por su cuenta o se han plantado y cultivado en el huerto del jardinero. Retazos de vida que vuelan por las andanzas de lo que ve, siente y piensa el escribidor, hilvanados con el aura de mundos ajenos y lejanos. Se organizan en secciones con melodías diversas con el fin de que puedas dialogar con ellos sin prisa, en momentos de paz, de amor o duro trasiego. Te escucharán, quizás te respondan o —descarados ellos— se atrevan a preguntarte.

Cualquier comentario es bienvenido y agradecido:
mriesco25@gmail.com